DIESES BUCH GEHÖRT JETZT

SVENJA

So ein hübscher Name!

- ist in HH geboren ☐
- oft zu Besuch ☒
- ist zugezogen ☐
  - gerade erst
  - schon vor langer Zeit

UND

hat hier
- ☐ studiert, und zwar _____
- ☒ gearbeitet, als ___Erzieher___
- ☐ sich verliebt, in _____ und
- ☒ gefeiert → am liebsten im ~~in der~~ Catze
- ☒ viele Freunde ☒ ~~Familie~~
- ☒ sich ein ~~Tattoo~~ Piercing stechen lassen

FINDET DEN HAMBURGER AN SICH
☐ nett ☐ trocken ☐ derbe ☐ so toll ☒ ___unbeschreiblich___

KANN'S LOSGEHEN? ☒ JA

Na denn man tau!

Zwei Regeln:
1. Nicht lang schnacken – Buch einpacken
(und unter allen Umständen immer bei Dir tragen.)
2. Spass haben

Läuft!

P.s.: Du kannst die Aufgaben wörtlich nehmen. Oder auch nicht.
Reiß Seiten raus, fahr mit dem Rad drüber. Das soll so!
Nimm Stifte, Kleber und andere Substanzen.
Nimm Herzblut. Nimm es nicht so ernst. Halte die Augen offen,
sei neugierig. Lebe Hamburg!

Ma
lock

ICH WÄR DANN JETZT SO WEIT. BIST DU STARTKLAR?

aber nur grünen ♥

HIGH FIVE

DAS IST MEINE HAND

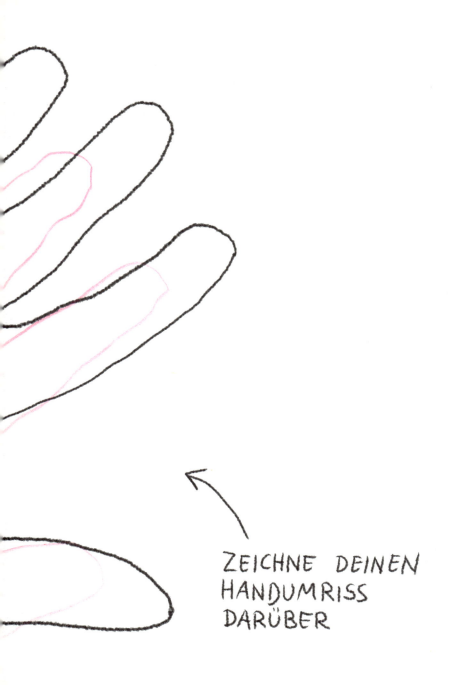

WILDES WELLENMALEN ZUM WARMWERDEN

FALTE EINE MÖWE.

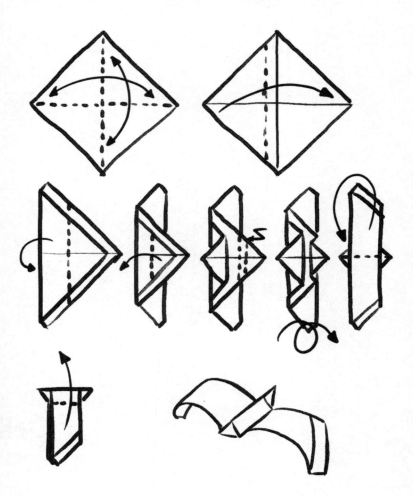

GIB DEINEM FREUND EINEN NAMEN

MOINSEN, ICH BIN

UPS.

MÖWENSCHISS

MACH WAS DRAUS!

Bau dir die Elbphilharmonie
(lass dir ruhig Zeit damit)

Du kannst deine Notgroschen darin versenken.

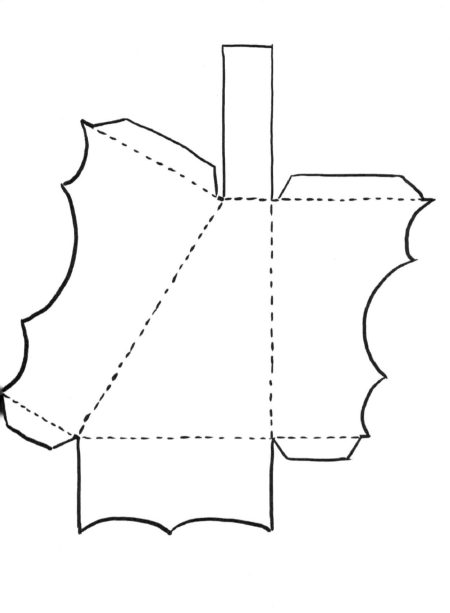

SACHENFINDER

Beklebe diese Seite mit DINGEN, die du auf der STRAßE gefunden hast. Notiere ORT und DATUM.

STATISTIKLIEBE

Setze dich an ein schönes Plätzchen am Wasser und stell deine eigenen Statistiken auf.

Zähle:

Große Pötte:

Elbfähren:

Alsterdampfer:

Segelyachten:

Schlauchboote:

Jollen:

Barkassen:

U-Boote:

Kreuzfahrtschiffe:

Shipspotting in Wedel

Notiere am **Willkomm-Höft,** wie die vorbeifahrenden SCHIFFE heißen und aus welchem Land sie kommen.

ENTSCHEIDE DICH FÜR EINE SEITE.
ZEICHNE EINEN OPULENTEN RAHMEN
DRUM HERUM.

STICKERALARM in ST. PAULI & UMGEBUNG

pul ein paar von den Wänden und kleb die Seiten damit voll.

DA KOMMT VON DRUNTER WAS MIT? – AUCH SCHÖN!

Schreib ein
Geheimnis auf
die Seite. ⟶
Reiss sie raus
und verschicke
sie als Flaschenpost.

Mein Briefgeheimnis:

So geht die Kesselkloppersprache

Die anlautenden Konsonanten jeder Silbe werden an deren Ende gesetzt und ein »i« angehängt.

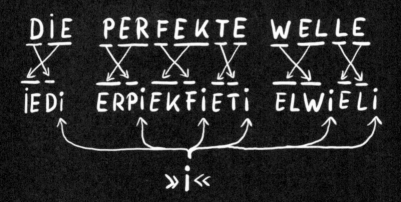

DIE PERFEKTE WELLE
IEDI ERPIEKFIETI ELWIELI
»i«

PRAXISTEST ⟶

Schreib etwas in
KESSELKLOPPERSPRACHE

← ANLEITUNG

> Sprich jemanden in dieser Sprache an.

check
↓
◯ er ignoriert mich

◯ er antwortet

◯ er antwortet ???

◯ auf Kesselklopp ?

◯ ich mach mich zum Horst

◯ er lacht mich aus

◯ er will mir Drogen verkaufen

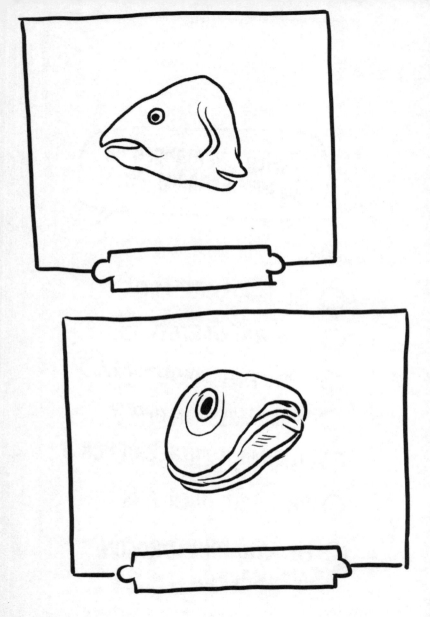

Mach die Fischköppe zu deiner Ahnengalerie

Jeder sollte einmal im Leben durch die RÖHREN des alten Elbtunnels schauen.

Nur für den Fall, dass Du es (aus welchem unerklärlichen Grund auch immer) NICHT da runter schaffst, gibt es hier EXTRA FÜR DICH einen Modellbausatz zum Reingucken!

①  Falte die beiden folgenden Seiten → so nach innen.

② Stell Dich vor den geöffneten Kühlschrank.

③

Guck in die Röhre.

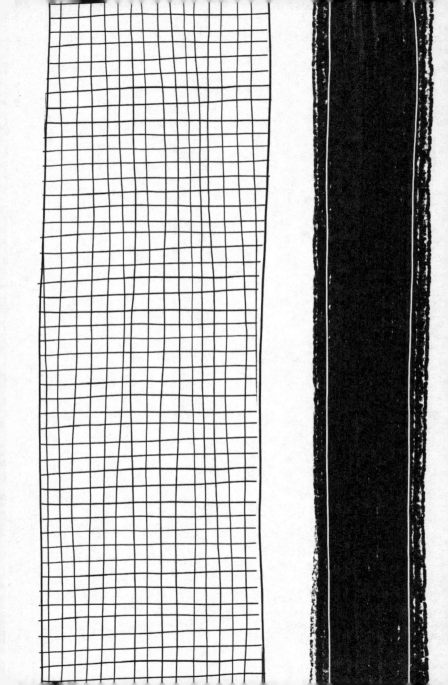

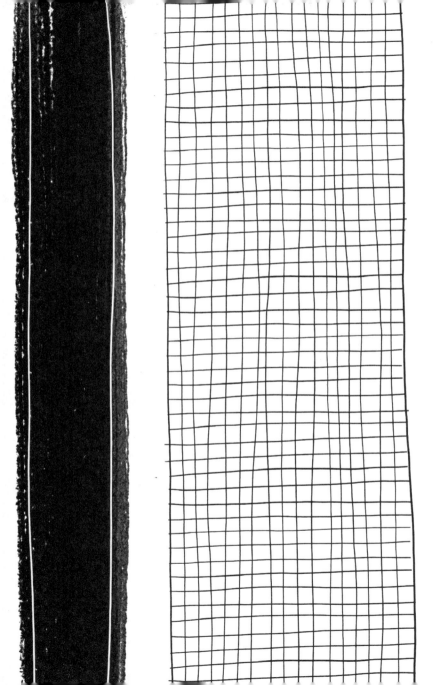

Hier ist Platz
für Deine liebsten
Seemannstattoos

IN DEN TIEFEN

Was schleppst Du
(außer diesem Buch)

DEINER TASCHE

mit durch die Stadt?

Schreib auf, was Du am meisten an Hamburg liebst. Reiß die Seite heraus und lass sie an einem öffentlichen Platz gut sichtbar liegen.

und Du,
unbekannter Finder?

KAUFLAUNE
—in der—
KAUFMANNSSTADT

Tackere hier einen besonderen **Einkaufszettel** hinein.

Als Erinnerung

HANS ALBERS MAKEOVER

VERPASSE DEM BLONDEN HANS
einen neuen HAARSCHNITT.
(ODER EINEN HEILIGENSCHEIN)

FAKTENCHECK

Fülle die Lücken nach bestem Wissen und Gewissen.

An de___ steiht 'n Jung mit 'n _____
In de anner Hand 'n _____
Wenn he blots mit de___ in 'n ___ kümmt
un dor liggt he ok all lang op de Nees
Un he rasselt mit 'n ____ op 'n _____
Un he ___ sick ganz geheurig _____,
As he opsteiht seggt he: _____,
Is cha 'n ____ för 'n _____.

Jo, jo, jo, klaun, klaun, _____ wüllt wi klaun
ruck zuck _____
_____ aber kann dat nicht,
denn _____.

_____ steiht 'n deern mit 'n _____.
_____ n'groote buddel ____
wenn se blots nich _____ op dat plaster sleit
un dor seggt dat ok al lang _____.
un se smitt de _____ un den _____ tosomen
un se seggt »_____«
as se opsteiht, seggt se »_____«;
schad'n _____ för'n _____.

BEOBACHTE AUFFÄLLIG
LEUTE IN EINEM CAFE
ODER RESTAURANT.
FÜLLE DABEI DEMONSTRATIV
DAS FORMULAR AUS.

Restaurantkritik

Anzahl der anderen Tische: ☐
Anzahl der anderen Gäste: ☐

| Davon ♂ ☐   ♀ ☐   mit Glatze: ☐ |
| Davon gutaussehend: ☐ |
| Davon Kinder: ☐ |
| Davon Haustiere: ☐ |

Haarfarbe des Kellners / der Kellnerin: ☐
Minuten bis er/sie was sagt: ☐
Stimmfarbe: ☐
Besonderheiten im Gesicht (Pickel, Tattoos, etc.)
☐

Material der Tische: ☐
Länge der Pommes: ☐
Durchmesser des Getränkeglases: ☐
Durchmesser des Tellers: ☐
Vorherrschende Farbe der Wanddeko: ☐

Hintergrundmusik ○ Ja ○ Nein
Genre: ☐
Titel, die Du kennst:

_____
_____
_____

Führe hier eine Strichliste, wie oft in Deiner Nähe jemand **DIGGER** sagt

Du inbegriffen.

Strandlektüre

Schmier diese Seite mit Kleber ein und drück sie in den Elbsand

Wenn du gerade keinen Kleber zur Hand hast, nimm den Sand mit nach Hause.

Hamburg in Emojis

 ZUHAUSE
 ALSTER
 ELBE
 ELBTUNNEL
 ELBBRÜCKEN

 FRÖHLICH
 TIEFTRAURIG
 WÜTEND
 ÜBERRASCHT
 VERLIEBT

 HSV
 ST. PAULI
 GEGEN BAYERN
 GEGENTREFFER
 ABPFIFF

 FRÜHLING
 SOMMER
 HERBST
 WINTER
 SILVESTER

 EPPENDORF
 BLANKENESER BÜRGERSTEIG
 STURMFLUT
 LECKER
 WAS DAGEGEN?

... und jetzt Du!

Die Seite ist immer noch leer? Dann warst du noch nicht im Portugiesenviertel.

...UND WENN DU SCHON HIER BIST, VERZIERE DIE SEITE MIT GALÃOKLECKSEN UND NATAKRÜMELN.

ERWECKE SIE ZUM LEBEN

MACH WAS MIT MEDIEN

BESORG DIR EINE (KOSTENLOS AUS DEM FOYER DES G+J VERLAGSHAUSES) am BAUMWALL
MOPO

schneide BUCHSTABEN aus & Gestalte ein Typografisches Kunstwerk

Male diese Seite genauso (grau) wie den Himmel. ☺

BITTE TAXIFAHRER, IHRE GEHEIMTIPPS INS BUCH ZU SCHREIBEN

HAMBURG
in schwarzen Zahlen

DOCKLAND

SUCHE DIESES
GEBÄUDE AM
HAFEN ↓

HIER GEHEN
TREPPEN
RAUF ↓

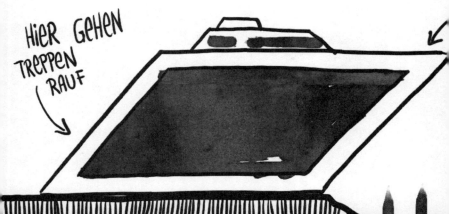

CHALLENGE

AUFSTIEGSKAMPF AN DER ELBE

WIE SCHNELL SCHAFFST DU ES NACH OBEN?

ZEIT:
STUFEN:
PULS:

Geniesse die Aussicht von hier

ODER SETZ DICH UNTEN HIN UND SCHAU DIR DIE VERRÜCKTEN AN, DIE SICH HIER DEN REST GEBEN.

sei ein
PROFILER

↑ Fahr mit dem Fahrrad erst durch eine Pfütze und dann über diese Seite.

ALSTERFLIP

FLIPPT FLACHE STEINE ÜBER DIE ALSTER UND NOTIERT DIE ANZAHL DER AUFSCHLÄGE. DER RUNDENSIEGER BEKOMMT EIN ALSTER. DER GESAMTSIEGER GEWINNT DEN POKAL.

Name	RUNDE					♛
	1	2	3	4	5	

Rock'n'Roll

Klebe hier eine Konzertkarte ein. Fälsche das Autogramm, das dir der Star natürlich exklusiv gegeben hat. Natürlich. Und seine Telefonnummer.

Schreibe das nächste Mal, wenn
Du (mal wieder) zu viel ……….*
getrunken hast, auf,
was Dir gerade so durch
den Kopf geht.

und zwar hier ⇩

* Schnaps
Ratsherren
FRiTZ-COLA
...

Teile & Herrsche

Reisse kleine Fetzen aus diesem Buch und steck sie in die Speisekarte vom

jimmy

ehook

Nimm kleine Fundstücke aus der Speisekarte und klebe sie hier ein.

Ein Moment-Tagebuch

DOKUMENTIERE DATUM, UHRZEIT, WETTER UND WIE DU DICH IN DIESEM MOMENT FÜHLST.
GENAU JETZT

→ hier

1. Juni / bewölkt, aber schwül / noch etwas müde, aber die Kaffeemaschine brummt schon

Herzlichen Glückwunsch. Das ist der
\\\\|||||||||||||//////
HAUPTGEWINN
/////|||||||||\\\\\\

KATSCHING

MEINST DU ECHT, DU KOMMST DAMIT HIN?

es war mir eine Freude, mit Ihnen Geschäfte zu machen

Na, jetzt haust Du aber auf den Putz!

automatentalk

Verteile die kleinen Botschaften in Geldautomaten, Geldrückgabefächern von Fahrkarten- und Zigarettenautomaten

BAU AUS DIESER SEITE
eine **TRÖTE.** →

SPIEL DARAUF
» STEUERMANN, LASS DIE WACHT «

LASS DICH DABEI
FILMEN.

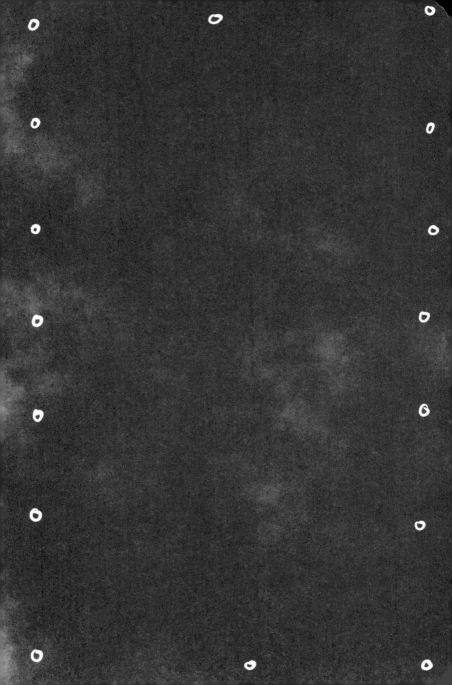

Lass diese Seite künstlich altern

bügel sie, bis sie braun wird, oder lass dir was anderes einfallen.

Geh mal durch die Deichstraße. Das ist die älteste Straße Hamburgs.

MACH BUNT

ZEICHNE AUF DEM DOM DIESEN GRAUEN KASTEN IN UNTERSCHIEDLICHEN FAHRGESCHÄFTEN NACH

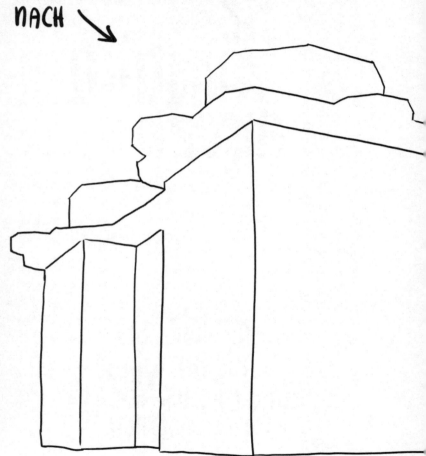

Lass sämtliche Partybekanntschaften diese Seite küssen.
(Nimm am besten einen Lippenstift mit)

Junggesellen-/Junggesellinen-Abschiedsgruppen **auf dem Kiez** eignen sich besonders.

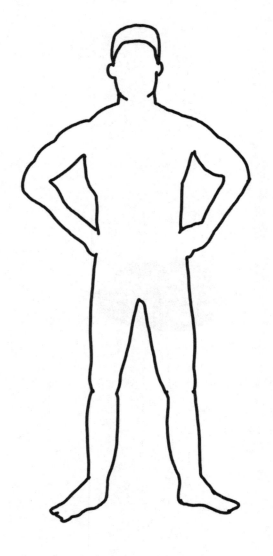

ZEICHNE DIESEN BEIDEN HÜBSCHEN

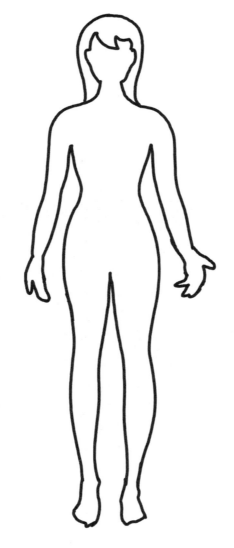

Dein Liebstes Lack- und Lederoutfit.

GEH IN EINE BAR
AM HAMBURGER BERG.
NUTZE DIESES BUCH
ALS LUFTGITARRE.

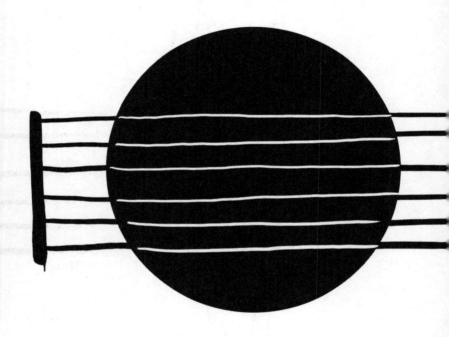

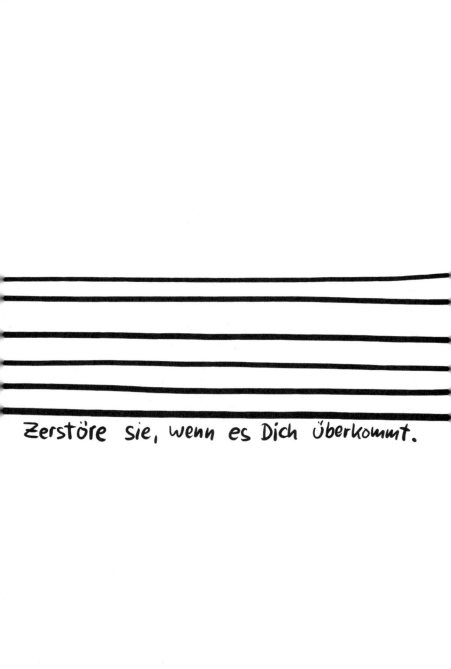

ZEICHNE HIER DEINEN RAFFINIERTESTEN **HINTERZIMMER KICKERZUG** EIN

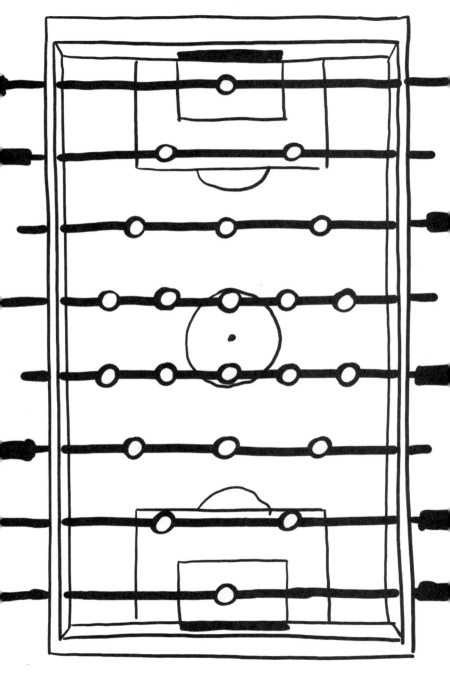

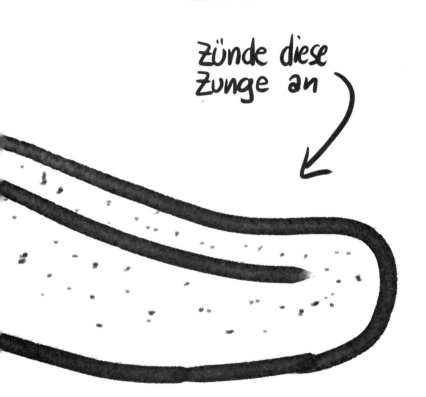

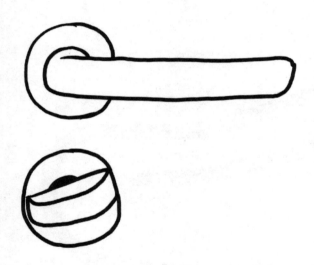

KIOTÜR-POESIE
abschreiben & neu kreieren

Wenn es dich überkommt, beiß ein Eselsohr ab.

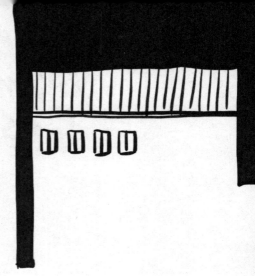

sammel unterschriften von portiers auf dem kiez.

WENN DU FREUNDLICH BIST SIND SIE ES AUCH.

HAMBURG HAT DIE BESTE CURRYWURST

(EGAL, WAS "MACH'S IN BERLIN" BEHAUPTET)

MAL DIESEM FREUNDLICHEN HERRN MINDESTENS DIE SCHRAMME MIT CURRYKETCHUP   ROT →

Lauschangriff am Nachbartisch

SCHREIB HEIMLICH MIT

zeichne deine

PERLE.

Falte aus dieser Seite
einen Papierflieger und
lass den kleinen Friedens-
boten vom Michel starten

Mal sehen, wer ihn findet

Mach einfach mal nichts und lass alles so, wie es ist.

Zeichne hier den Umriss deines nackten Fußes ein.

... am besten am Elbstrand oder im Stadtpark. Da läufst Du eh am besten barfuß.

KULTUR ≈ AUSTAUSCH

Bestell eine HAMBURGER WEIẞWURST
(z.B. in der Oberhafenkantine)

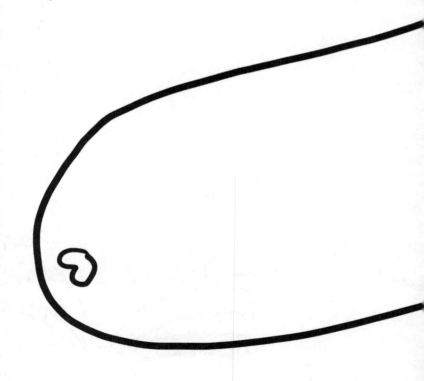

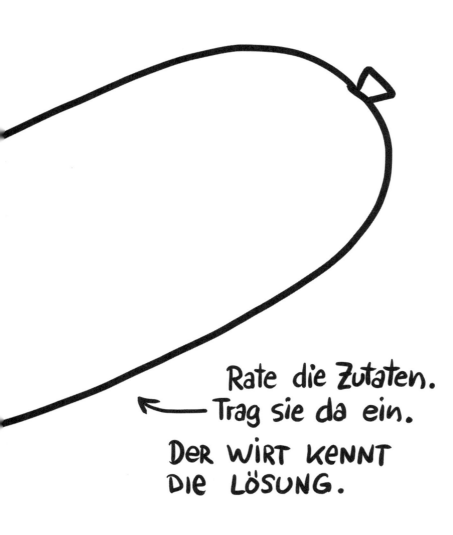

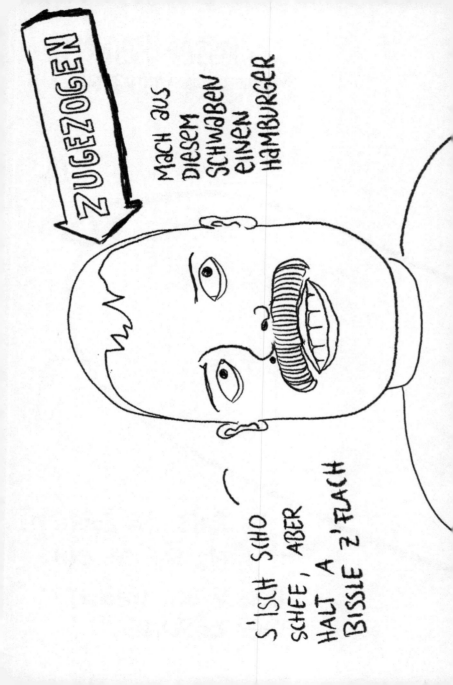

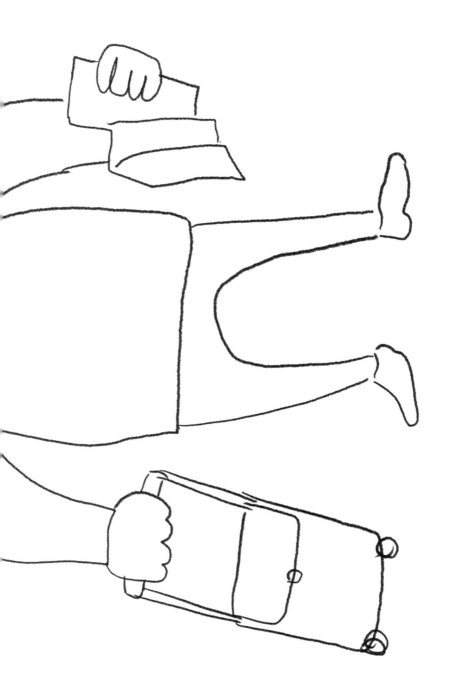

Lass einen lieber

chmeichler

lenschen etwas über Dich schreiben.

- - - - - - - - - - - - - - - - - -

- - - - - - - - - - - - - - - - - -

- - - - - - - - - - - - - - - - - -

- - - - - - - - - - - - - - - - - -

- - - - - - - - - - - - - - - - - -

- - - - - - - - - - - - - - - - - -

- - - - - - - - - - - - - - - - - -

- - - - - - - - - - - - - - - - - -

Lies es Dir selber laut vor.

CITY-SOUND

♪

ERSTELL DEINE HAMBURG-PLAYLIST
&
TEILE SIE MIT FREUNDEN

	TITEL	VON
1		
2		
3		
4		
5		
6		
7		
8		
9		
10		

Spitte ein paar 16er auf Deine Stadt

Benutze dabei folgende Wörter:

- NORDEN
- OLE
- MÖWE
- SCHNACK
- DIGGER LACHS
- KALLE
- SANTA FU
- KUTTER

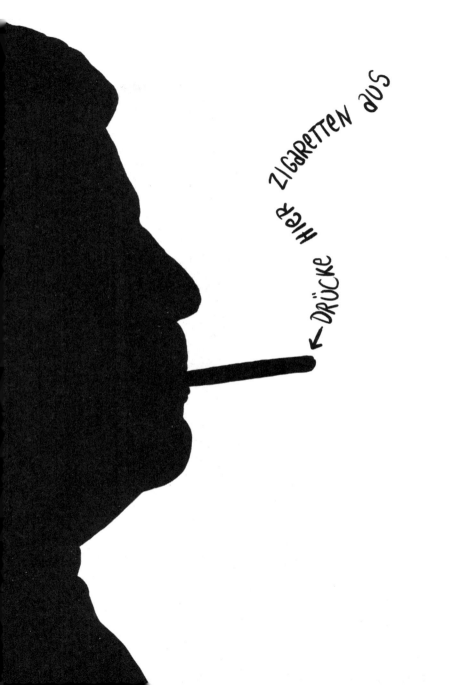

SCHREIB DIESEN LIEBESBRIEF LAUTMALERISCH AUF PLATT FERTIG. LASS DIR HELFEN, WENN ES GAR NICHT GELINGT

Mien Schietbüddel,

Teemansgarn

Denk dir eine haarsträubende Lügengeschichte aus.

....
....
....
....
....
....
....
....
....
....
....
....
....
....
....
....

Verbreite Sie!

Love is Blindness

ZEICHNE MIT GESCHLOSSENEN
AUGEN DAS HAMBURGER
STADTWAPPEN

Schatzkarte

Du bist hier

VERGRABE IM STADTPARK EINEN SCHATZ. ZEICHNE DIE **SCHATZKARTE** FERTIG UND HÄNGE SIE AN EINEN BAUM.

Freue dich mit dem Finder.

Hamburg – ein Traum

Was hast du zuletzt geträumt? Schreib es hier auf.

Lass ihn von einem Freund oder einer Freundin deuten oder kritzle den Freud in dir hervor und illustriere den Traum

MALE HIER DEINE LIEBLINGSTIERE

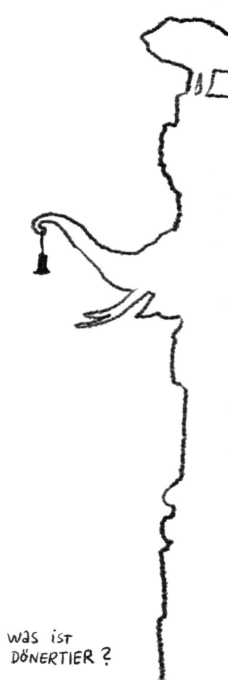

DU HAST KEINE? UND WAS IST MIT DEM GEFÄHRLICHEN DÖNERTIER?

PHOTOBOMBING
am Rathausmarkt

Versuche, dich auf so viele Touristenfotos wie möglich zu schmuggeln

Benutze dabei diesen alten Fisch

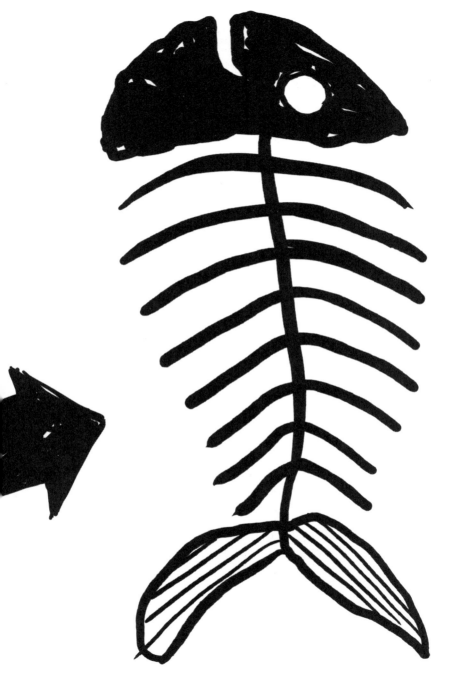

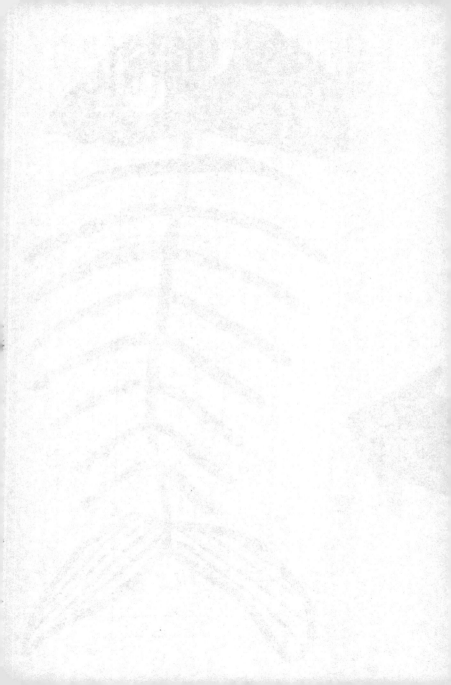

Hanseatenraten

Porträtiere Leute in deiner Nähe. Denk dir Namen, Alter und Berufe aus.

Name: _____ Alter: _____
Beruf: _____
Lebensmotto: _____
Mag: _____
Mag nicht: _____

Name: _____ Alter: _____
Beruf: _____
Lebensmotto: _____
Mag: _____
Mag nicht: _____

NAME: _____ ALTER: ____
BERUF: _____
LEBENSMOTTO: _____
MAG: _____
MAG NICHT: _____

Lass dich von
einem Hamburger
porträtieren und
einen Namen
und eine Geschichte
zu dir erfinden.

NAME: _____ ALTER: ____
BERUF: _____

LEBENSMOTTO: _____
_____

MAG: _____
_____

MAG NICHT: _____
_____

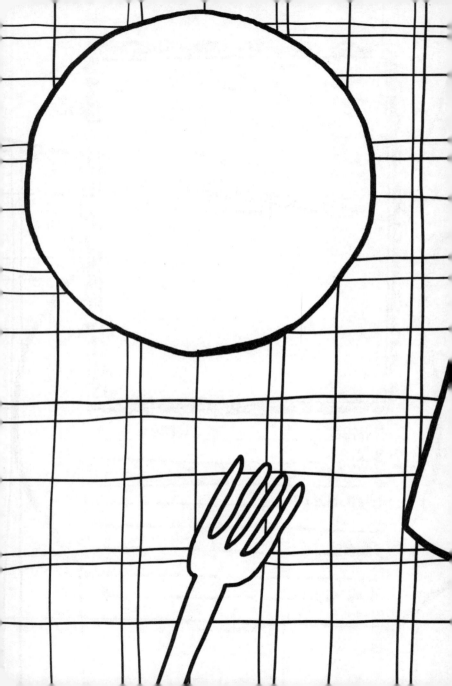

Denk (am besten im ALOHACHÉRIE) in der Weidenallee sehnsüchtig an alte Zeiten und male die leckersten FLEISCHGERICHTE so appetitlich wie möglich

DIE GRILLSAISON IST ERÖFFNET.
HALTE MIT GRILLKOHLE DEINE FREUDE DARÜBER FEST.

KLEBE STADTPARKRASEN
AUF DIESE SEITE.

WENN DU SCHON IM
STADTPARK BIST...

HIER IST
PLATZ FÜR DEINEN
STERNENHIMMEL.

ERFINDE DEINE
EIGENEN
STERN-
BILDER.

Post
von unbekannt

Schreibe einen unfassbar netten Gruß auf die Karte. Werfe sie in einen fremden Briefkasten.

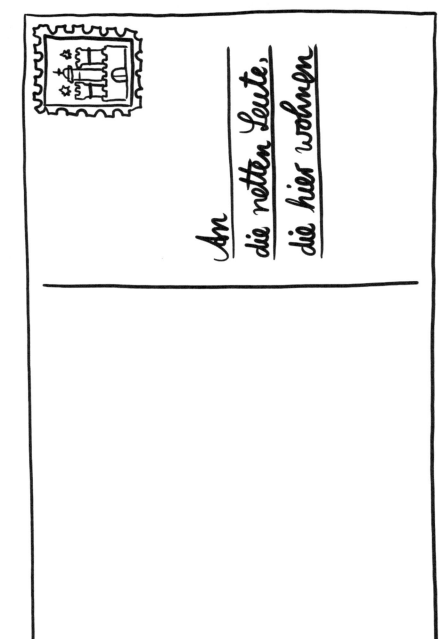

BINDE DAS BUCH AN EIN SEIL & HALTE ES MIT EINER ECKE INS WASSER

LASS DICH DABEI FOTOGRAFIEREN ODER ZEICHNEN. SAG "PETRI HEIL" UND KLEBE DAS BILD HIER EIN ODER POSTE ES.

KULTURSTREBER

GEH INS THEATER
SCHREIB DIE BESTEN SÄTZE MIT

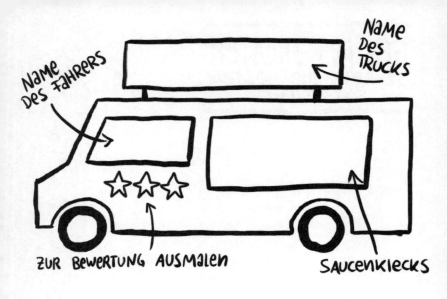

FOODTRUCK-TESTER

(z.B. sonntags auf dem metro-parkplatz in altona)

Mach Dir eine Freude

PRESSE BLÜTEN UND BLÄTTER, KLEBE SIE
EIN UND GESTALTE DIR EINEN ÜBERAUS
HÜBSCHEN BLUMENSTRAUß. GANZ OHNE ANLASS.

Versuch's mal in Planten un' Blomen. Blumen gibt's da jede Menge.

Eiszeit-Doku

Name | Name | Name | Name

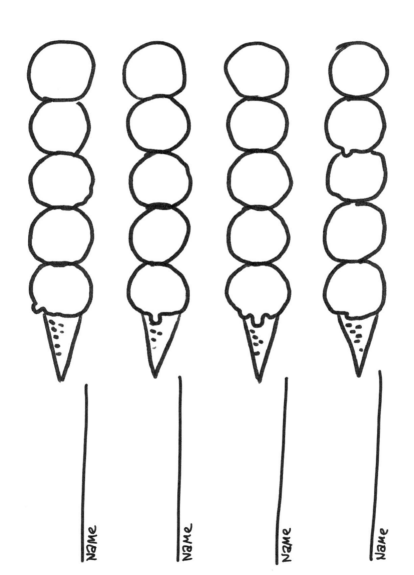

Hier können sich Leute verewigen

die du unterwegs triffst.

Sammel Wacholderbeeren, Zimt, Koriander, Zitronen, Rosmarin, Lavendel und Zistrose.

Reib die Seite damit ein.

Entwerfe ein Gin-Etikett.

Wenn dir der Geruch gefällt, schau doch mal bei Gin Sul vorbei.

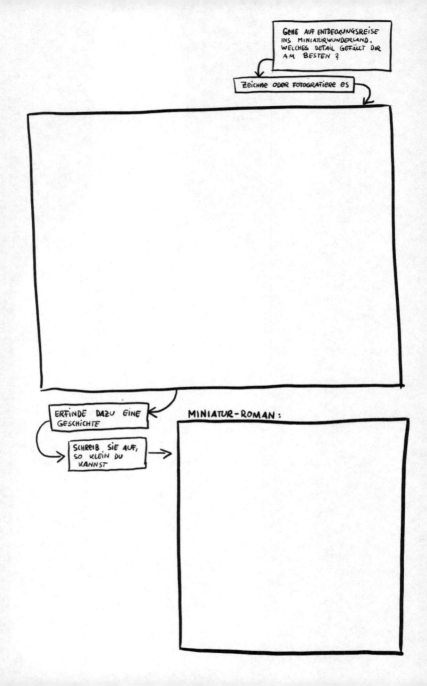

Meine neuen Freunde

Kleb die Augen und Bärte
← auf Gegenstände in der
Stadt und erwecke sie
zum Leben.

Mach Fotos, teile sie
und kleb sie hier ein.
Oder zeichne sie.

MeiNe Neue

FREUNDE

• Meine neuen

Freunde.

The VOICE of HAMBURG

SETZE DICH AN DEINEN LIEBLINGSPLATZ.
SCHLIEßE DIE AUGEN UND NOTIERE ALLE GERÄUSCHE,
DIE DU VON DER STADT WAHRNIMMST.
SCHREIBE SIE WÖRTLICH NIEDER.
JE LAUTER, DESTO GRÖßER.
ES ENTSTEHT WOMÖGLICH WUNDERSCHÖNE POESIE.

sammel **stoffe** (oder so) mit maritimen mustern kleb sie hier ein

ODER entwerfe sie selbst

Sage oft und laut: **DAS KANN DOCH JEDER**

Geh in die <u>Galerie der Gegenwart</u>

KLECKSE UND BEMALE DIESE SEITEN KNALLBUNT

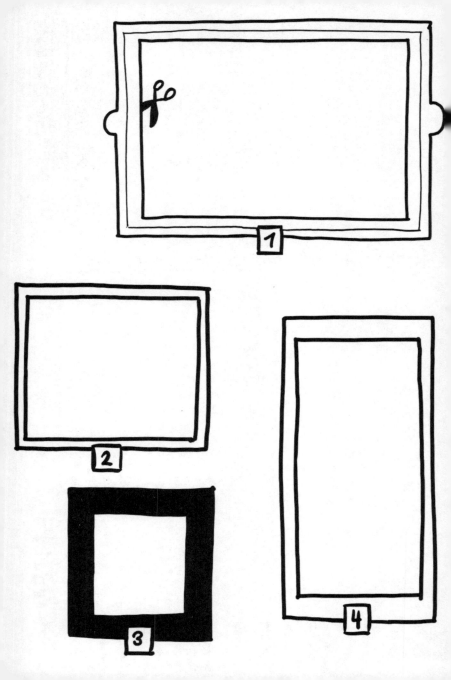

AUSSTELLUNGS-KATALOG

1 Name des Kunstwerks:
Erklärung:

2

3

4

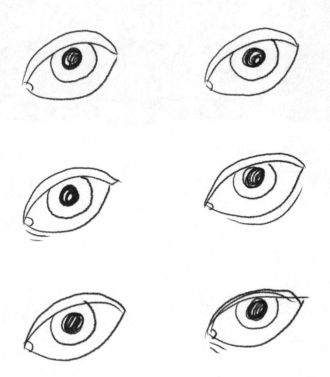

SAMMEL IN DER
Kosmetikabteilung
(DES ALSTERHAUSES) DUFTPROBEN
auf diesen Seiten.

sei ein MAKe-UP-ARTIST
UND TESTE HIER
KAJAL- UND LIPPENSTIFTE.
TU DABEI GANZ BESONDERS WICHTIG.

SAMMEL HIER die Etiketten.
MACH EINE COLLAGE DARAUS.

Befestige große
Komplimente an
besonders platzsparend
geparkten Wagen

(z.B. in Eimsbüttel)

SAUBER, DU HELD! DEIN EINPARKSTIL IST <u>MAßARBEIT</u>!	DASS DU DIESE KARRE IN DIESE LÜCKE BEKOMMEN HAST. R.E.S.P.E.K.T.
LIEBER AUTOFAHRER, IN DIESE LÜCKE HÄTTE AUCH JAMES BOND NICHT BESSER EINPARKEN KÖNNEN	Es macht mich Stumm vor Staunen, wie Du hier eingeparkt hast!
Mein lieber Schwan Schickes AUTO!	DIE LÜCKE SO: NO WAY DU SO: CHALLENGE ACCEPTED BÄM DRIN DU KÖNIG DER BORDSTEINKANTE
Lieber Autofahrer, DANK DIR IST EINPARKEN JETZT EINE EIGENE KUNSTFORM	<u>DU HECHT</u> ENTGEGEN JEGLICHER PHYSIKALISCHER LOGIK HAST DU DEINEN WAGEN HIER REINBEKOMMEN. ♡

Gestalte den Kinderwagen passend zum {Eimsbüttler} Café

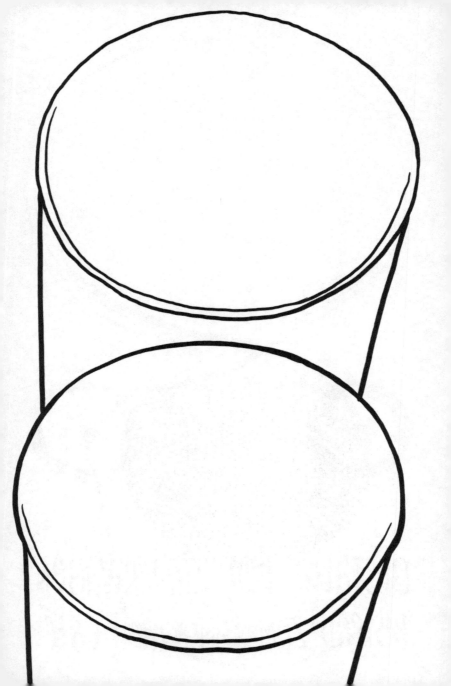

HINTERLASSE DIE
ZETTEL IN DER U-BAHN,
IM TAXI, IN DER BAR,
IN FREMDEN KLEIDUNGSSTÜCKEN...

Sei realistisch:
Plane ein Wunder

Ein Hoch auf die
Gelassenheit

IM ZWEIFEL: JA

Nach der Ebbe
kommt die Flut.

Die Lösung heisst:
Schokolade

Die Stadt liebt dich! ♡

Sei Wild & Frei

Alles ist schwierig,
bevor es leicht wird.

Sei keine Makrele.
Sei ein Hecht.

Sei kein Hecht.
Sei auch mal ein
Kugelfisch.

Fahr im Treppenviertel eine Runde mit der Bergziege

Schließe dabei die Augen und male hier die Kurven nach.

● ← START

IN HAMBURG SAGT MAN »TSCHÜSS«

Bau Papierschiffchen aus dieser Seite und lass es undokumentiert davontreiben.

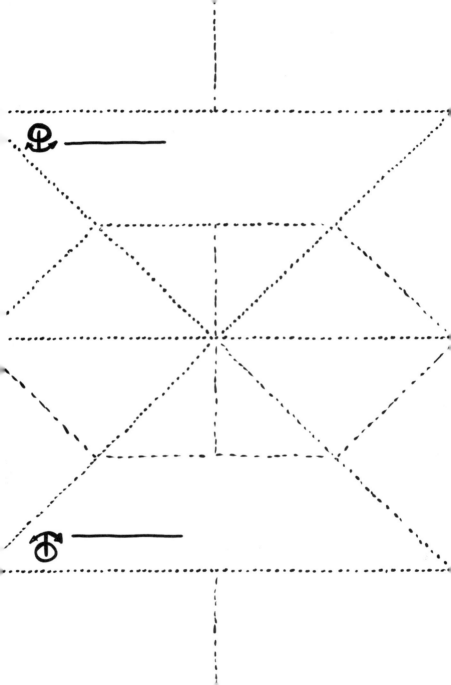

SCHREIBE HIER EINE OSCAR-REIFE DANKESREDE

IMPRESSUM:

1. AUFLAGE 2017
© MAIRDUMONT GMBH & CO.KG,
   OSTFILDERN

KONZEPT, TEXT & ILLUSTRATION
MALTE KNAACK

KONZEPT & PROJEKTLEITUNG
C.C. SCHMID, CAROLIN SCHMID

LEKTORAT
JENS BEY

ALLE ANGABEN OHNE GEWÄHR
PRINTED IN GERMANY

Das Werk einschließlich all seiner Teile ist urheberrechtlich geschützt. Jede urheberrechts-relevante Verwertung ist ohne Zustimmung des Verlags unzulässig und strafbar. Das gilt insbesondere für Vervielfältigungen, Übersetzungen, Nachahmungen, Mikroverfilmungen und die Einspeicherung und Verarbeitung in elektronischen Systemen.

DEIN IMPRESSUM:

ANGEFANGEN: 13. Januar 2019

GELESEN UND MITGEMACHT:
Srerja Hörgen (DEIN NAME)

SONST NOCH MITGEMACHT:
Marlen Dutschmann

ALLE ANGABEN OHNE GEWÄHR.
BEARBEITET IN: Hamburg

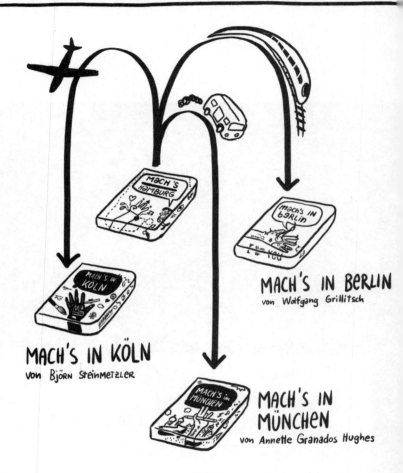